Céline Le Prioux

LA PROVENCE ANTIQUE

Photographies
Hervé Champollion

Hervé Champollion est représenté par l'agence TOP-RAPHO, Paris

ÉDITIONS OUEST-FRANCE
13, rue du Breil, Rennes

SOMMAIRE

La Provence constitue la partie
la plus précocement romanisée de notre pays.
Son nom vient du latin « provincia » et désigne la province
de Gaule transalpine conquise par Rome dès le Ier siècle
avant notre ère. Elle s'étendait sur un territoire beaucoup
plus vaste que la Provence actuelle, puisqu'elle comprenait
tout le pourtour méditerranéen, des Alpes aux Pyrénées
et remontait au nord jusqu'à la ville de Vienne.

**Oppidum de Constantine,
près de l'étang de Berre
(propriété privée, accès interdit).**

Les principaux vestiges parvenus jusqu'à nous se trouvent néanmoins dans un périmètre plus restreint, dont le Rhône constitue en quelque sorte la colonne vertébrale.

Vaison-la-Romaine en marque la limite au nord, Nîmes à l'ouest, Aix-en-Provence à l'est et la mer Méditerranée au sud.

Cette région était occupée avant l'arrivée des Romains par les Celto-Ligures, considérés par les Anciens comme des guerriers très pieux, honorant dans les bois et les sanctuaires des dieux fort divers, comme les déesses mères ou des personnages masculins. Ils vivaient dans des « oppida », des villages fortifiés établis sur les hauteurs, dont on peut encore voir les restes à Entremont, Saint-Blaise ou Constantine.

La Provence antique

DES COMMERÇANTS PHOCÉENS

Les Celto-Ligures avaient laissé s'établir sur les rivages de leur territoire des marins grecs. Ces commerçants venus de Phocée, cité d'Asie Mineure, avaient fondé Marseille en 600 avant notre ère, puis tout un chapelet de colonies comme Agde à l'ouest du Rhône ou Nice à l'est. Jusqu'au IIe siècle avant notre ère, ces deux peuples vivent en relative bonne intelligence. Les Grecs, peu nombreux, se contentent de commercer avec la population locale, sans tenter de la soumettre ou de lui imposer les valeurs de la culture hellénique.

Mais progressivement, les tribus celto-ligures deviennent plus agressives et pillent les comptoirs de la cité. Marseille, trop faible pour affronter seule ces Barbares, appelle Rome à son secours. En huit ans, entre 125 et 117 avant notre ère, les Romains soumettent les tribus locales et fondent ainsi la Narbonnaise, première province romaine de la Gaule. Soixante ans plus tard, entre 58 et 54 avant notre ère, César conquiert le reste de ce « pays ».

Jusqu'à cette époque, Marseille et Rome traitent encore d'égale à égale dans la région. Mais la lutte de pouvoir entre les deux proconsuls Pompée et César bouleverse cet équilibre. Marseille offre en effet son soutien au premier aux dépens du second. En 49 av. J.-C., César soumet Marseille et lui retire presque tous ses territoires. Il les offre à Arles, qui lui avait donné son appui contre Pompée.

Têtes coupées
retrouvées
dans l'oppidum d'Entremont.
Musée Granet, Aix-de-Provence.

Scène de bataille.
Mausolée de Saint-Rémy-de-Provence.

Villa Kérylos, Beaulieu-sur-Mer.
Reconstitution d'une demeure
de la Grèce antique.

UNE PROVINCE SÉNATORIALE

Une période de relative prospéri-té et de paix commence alors pour la Provence. Son destin reste pendant cinq siècles intimement lié à celui de Rome, dont l'Empire comprend la plus grande partie des terres du pourtour méditerranéen. En tant que province riche et stable, la Narbonnaise est placée sous l'autorité du sénat, contrairement aux autres régions de la Gaule, contrôlées par l'empereur. Les tribus celto-ligures de Provence ayant été pacifiées, Rome dégarnit le territoire de ses troupes, préférant les installer dans des lieux plus hostiles comme les provinces alpestres.

L'administration romaine est, en Provence, peu développée et peu voyante. Le sénat romain délègue certes chaque année un gouverneur, le « proconsul », choisi parmi ses membres, mais une grande partie des questions administratives se règle à l'échelon local, celui de la cité. Les institutions municipales sont calquées sur celles de Rome. Chaque ville possède deux ou quatre magistrats suprêmes, les duumvirs ou quatuorvirs, deux édiles chargés de sur-

La Provence antique

veiller l'entretien des rues et places, et deux questeurs, s'occupant des questions financières. Dans chaque cité se trouve également un sénat composé d'une centaine de membres.

Les villes de Narbonnaise ne possèdent pas toutes le même statut. Certaines sont des colonies de droit romain, c'est-à-dire que leurs habitants sont considérés à Rome comme des citoyens de plein droit. Arles et Orange, où César a installé des légionnaires vétérans en leur offrant un lopin de terre

et un pécule en récompense de vingt ans de service dans ses armées, bénéficient de ce privilège. En revanche, d'autres cités, comme Glanum, possèdent seulement le droit latin. Leurs habitants jouissent de droits civils complets, mais ils n'accèdent au droit de cité romaine que par l'exercice de magistratures municipales. Toutefois, en 212 apr. J.-C., l'édit de Caracalla unifie les statuts des personnes en accordant la citoyenneté romaine à tous les habitants de l'Empire.

Statue d'Auguste, porte d'Auguste à Nîmes.

ROME, LA CITÉ MODÈLE

A partir du règne d'Auguste (27 av. J.-C.-14 apr. J.-C.), fils adoptif de César, la Provence se couvre de monuments. Rome sert de modèle à toutes les cités. Chacune d'entre elles veut posséder son forum, cette grande place entourée d'un portique, centre de la vie publique et commerciale, où se dressent les édifices officiels comme la curie, siège de l'administration locale, le trésor municipal, les greniers publics, le

La curie, ruines de Glanum à Saint-Rémy-de-Provence.

6

Buste d'Aphrodite, déesse de l'amour dans la mythologie grecque. Copie romaine (Iᵉʳ siècle apr. J.-C.) d'un original grec datant du IVᵉ siècle av. J.-C. Musée de l'Arles antique.

palais de justice et les temples.

Dans ces derniers bâtiments, dont le meilleur exemple est la Maison carrée à Nîmes, les citoyens honorent l'empereur et sa famille, exprimant ainsi leur loyauté à Rome. Ils ne considèrent toutefois pas l'empereur de son vivant comme un dieu. Seul le sénat romain lui décerne ce titre après sa mort et seulement si son règne a été exemplaire.

Les habitants de Narbonnaise

La Provence antique

rendent également un culte aux divinités romaines, dont les plus connues sont Jupiter, le père des hommes, et Junon, sa femme. Dans ce panthéon figurent aussi des dieux celto-ligures, adaptés au « goût » des envahisseurs. A partir du IVe siècle cette religion polythéiste s'efface au profit du christianisme. La conversion de l'empereur Constantin en 312 apr. J.-C. et la promulgation en 392 de l'édit de Théodose, interdisant le paganisme, marquent les principales étapes de ce changement qui touche tous les territoires occupés par les Romains.

Bas-relief représentant un couple de notables de la société gallo-romaine nîmoise. A gauche, la flaminique Liciana Flavilla, prêtresse desservant le culte des princesses impériales. A droite, son époux Sextus Adgennius Macrinus.
Musée d'Archéologie de Nîmes.

Les colonnes aux fûts monolithes de granit du temple dédié probablement à Apollon, fin du Ier siècle apr. J.-C. L'architrave repose sur des chapiteaux corinthiens en marbre blanc. Riez (Alpes-de-Haute-Provence).

DES LOISIRS ROMAINS

En Provence, comme dans tout l'Empire, les citoyens adoptent les loisirs de Rome, en bâtissant des thermes, des théâtres, des amphithéâtres…

Les thermes, dont on peut voir quelques vestiges à Vaison-la-Romaine, Arles, Glanum sont publics et gratuits. Ils servent de bains, gymnase, lieu de rencontres et de discussions. Ils ouvrent en début d'après-midi et ferment à la tombée de la nuit. Le baigneur y suit un circuit médicalement établi. Il commence par quelques mouvements de gymnastique dans une salle à température extérieure. Après s'être reposé dans une salle tiède, il se nettoie dans le « destrictarium » en s'aspergeant d'eau et en se raclant la peau à l'aide de « strigiles ». Il passe ensuite dans une étuve sèche pour éliminer les impuretés des pores, prend successivement un bain chaud dans le « caldarium », tiède dans le « tepidarium », froid dans le « frigidarium ». La séance se termine par des massages avec onction d'huile.

Introduction

Pour chauffer l'air et l'eau, on utilise des « hypocaustes ». Ces foyers installés en sous-sol diffusent la chaleur par des piliers en briques qui soutiennent le dallage des salles. L'air chaud remonte ensuite dans les murs par des conduits en terre cuite et s'échappe à l'extérieur par des cheminées. Les sols des thermes, parfois brûlants, obligent les baigneurs à se déplacer avec des sandales à semelles de bois.

Hypocauste de la salle chaude des thermes de Constantin, Arles.

Dallage des bains de la villa au Dauphin, quartier de la Villasse à Vaison-la-Romaine.

Arcade à pilastres des thermes du centre, quartier de la Villasse à Vaison-la-Romaine.

La Provence antique

DANS CHAQUE CITÉ, UN THÉÂTRE

En Provence, chaque cité d'une certaine importance possédait un théâtre, comme en témoignent les vestiges à Arles, Orange, Vaison-la-Romaine… Inventé par les Grecs, ce divertissement a été popularisé par les Romains dans tout leur Empire. L'édifice est toujours construit sur le même modèle. Il comprend trois éléments principaux : la « cavea », l'« orchestra » et la « scena ». La « cavea » désigne les gradins disposés en demi-cercle autour de la scène, où s'assoient les spectateurs ordinaires. L'« orchestra », de forme semi-circulaire, accueille les sièges

Le théâtre d'Orange.

LES TROIS ORDRES

En architecture, les Romains ont beaucoup emprunté aux Grecs. Ainsi ont-ils repris dans leurs monuments les trois ordres des colonnes, architecture classique définie par les Grecs à la fin du Ve siècle av. J.-C. Le plus simple et le plus ancien s'appelle le dorique ou toscan pour les Romains. Reconnaissable à son chapiteau sobre, il figure surtout à l'étage inférieur des bâtiments. L'ionique porte un chapiteau en forme de cornes de bélier, tandis que celui du corinthien est orné de feuilles d'acanthe.

ordre dorique | ordre ionique | ordre corinthien

mobiles des magistrats municipaux installés ainsi aux meilleures places et les évolutions du chœur. La « scena » est légèrement surélevée par rapport à l'« orchestra » et séparée de celui-ci par le « pulpitum », petit mur décoré de statues. Elle possède un plancher reposant sur des poutres et percé de trappes d'où surgissent et disparaissent les acteurs.

Un mur, comportant plusieurs étages de colonnades et orné de statues et de mosaïques, ferme la scène. Il est percé de portes par lesquels les acteurs, les divers animaux et les véhicules entrent et sortent.

Les théâtres de Narbonnaise présentent quelques comédies et tragédies grecques, mais surtout des mimes et pantomimes, deux genres apparus à la fin de la République (-30 av. J.-C.) à Rome et qui supplantent au Bas-Empire toutes les autres formes de spectacles. Le mime, proche de la comédie dans sa tendance à la caricature, puise son inspiration dans les scènes de mœurs et l'actualité. La pantomime, apparentée à la tragédie par son goût du drame mythologique, ressemble à une danse exécutée par un acteur accompagné d'un chœur. A l'époque de l'Antiquité tardive, les mimes ont largement évolué vers la pornographie, provoquant l'indignation des auteurs chrétiens.

Les notables des cités dépensent des sommes considérables pour l'organisation de ces divertissements. Ainsi à Nîmes, dont le théâtre n'est plus visible, le sénat local honore un certain Q. Avilius Hyacinthus en le remerciant d'avoir offert à la ville un « velum », bâche destinée à protéger les spectateurs des intempéries. Les magistrats municipaux entretiennent également parfois des troupes d'artistes.

Les acteurs, à la fois courtisés et réprouvés, possèdent un statut ambivalent. Ainsi, si l'empereur romain Néron (54-68) avait pour favori un célèbre pantomime dénommé Paris, un long texte d'un sénatus-consulte datant de 19 de notre ère et trouvé à Larino (Italie) juge « dégradant » de se produire sur scène. Il interdit d'ailleurs aux membres de l'ordre équestre ou sénatorial une telle activité.

La Provence antique

L'AMPHITHÉÂTRE, UNE INVENTION ROMAINE

Les villes de Provence se dotent aussi d'amphithéâtres, que l'on peut encore voir à Arles, Nîmes et Fréjus… Contrairement aux théâtres, qui existaient déjà chez les Grecs, les amphithéâtres sont des inventions romaines. Ils accueillent principalement des combats de gladiateurs. Ces spectacles ont lieu à l'occasion de fêtes fixes, de célébrations du culte impérial ou lors d'un événement extraordinaire comme une victoire militaire. Les magistrats municipaux prennent en charge les frais de ces divertissements qui durent en moyenne de un à cinq jours.

Les jeux commencent par une parade, à laquelle prennent part le commanditaire des jeux, des musiciens et les gladiateurs. Puis, les combattants s'échauffent avec des armes inoffensives. Ils reçoivent ensuite leurs armes réelles, examinées par le commandi-

L'arène et les gradins de l'amphithéâtre de Nîmes.

taire des jeux et se voient alors attribués un adversaire.

Surveillé par un arbitre, le combat prend fin à la mort d'un des gladiateurs. Si l'un des deux, blessé ou épuisé, s'avoue vaincu, le commanditaire des jeux peut lui accorder la grâce. En général, celui-ci demande l'avis du public. Quand la majeure partie des spectateurs agite une pièce d'étoffe ou lève la main, le vaincu a la vie sauve. Si, au contraire, la plupart baissent le pouce vers la terre, le gladiateur meurt égorgé par son adversaire. En récompense de sa force et de sa bravoure, le vainqueur reçoit des pièces d'or. Quand deux combattants, particulièrement vaillants, ne parviennent pas à l'emporter l'un sur l'autre, ils sont tous les deux graciés.

En général, les gladiateurs gardent le torse nu. En revanche, la tête, les bras et les jambes restent protégés, pour éviter que les protagonistes ne soient estropiés et donc obligés de cesser le combat. Ils portent des armes très diverses, comme un filet, un lasso, un trident, une épée, un poignard, un sabre, un javelot…

La plupart des gladiateurs s'engagent volontairement, attirés par l'appât du gain. Ils perdent alors leurs droits civiques. Leur service dure en moyenne cinq ans. S'ils ont survécu, ils reçoivent à la fin de cette période une épée de bois en symbole de leur retour à la vie civile. Un petit nombre de ces combattants sont des condamnés à mort. Ceux-ci n'ont jamais droit à la grâce. D'autres sont des condamnés aux travaux forcés, qui, s'ils survivent jusqu'à la fin de leur peine, sont libérés.

Combat de gladiateurs.
Musée d'Archéologie de Nîmes.

DES DEMEURES À COURS INTÉRIEURES

Si la Provence possède de grands monuments publics romains, des fouilles ont également permis de mettre au jour les vestiges de demeures privées, à Vaison-la-Romaine notamment. A côté des ensembles monumentaux pompeux, les maisons romaines présentent un

extérieur plutôt modeste. Leur intérieur est, en revanche, très décoré. Les murs et le plafond sont revêtus d'enduit, le sol recouvert d'une marqueterie de marbre ou d'une mosaïque polychrome. La maison s'organise autour de deux grandes pièces, l'atrium et le péristyle. Le premier, dont la partie centrale est à ciel ouvert, comporte un bassin, appelé « impluvium », destiné à recevoir les eaux de pluie. Autour du bassin se trouve une galerie, souvent surmontée d'un étage. Sur l'un des côtés est installé le « tablinum », cabinet de réception du chef de famille. Le péristyle, cour entourée d'un portique et comportant généralement un jardin avec bassin, constitue le centre de la partie de la maison ré-

Lampe à huile.
Musée d'Archéologie de Nîmes.

Mosaïque de la villa du Paon.
Musée Théo-Desplans de Vaison-la-Romaine.

**Atrium de la Maison au buste
d'argent, quartier de la Villasse
à Vaison-la-Romaine.**

**Latrines, quartier
de la Villasse
à Vaison-la-Romaine.**

servée à la famille. Les chambres, le triclinum ou salle à manger et le grand salon « oecus » donnent sur cette cour. Les chambres à coucher, de petite dimension pour faciliter le chauffage, comprennent le plus souvent seulement un lit sans drap. Dans la salle à manger, se trouvent une table et des lits sur lesquels les convives s'installent.

La cuisine se situe le plus souvent au nord pour favoriser la conservation des denrées. Elle pos-sède un important plan de travail avec un ou plusieurs foyers. Afin de réduire les dépenses en tuyauterie de plomb et en raccordement aux égouts, la cuisine, les bains, apanages des gens fortunés, et les latrines, toilettes munies de banquettes en pierre percées d'orifices, sont fréquemment rapprochées. Grâce aux aqueducs romains, dont certains tronçons, comme le Pont du Gard, sont toujours intacts, de nombreuses maisons reçoivent l'eau à domicile.

Le Pont du Gard, tronçon de l'aqueduc
reliant les sources d'Eure à Nîmes.

UNE AGRICULTURE DYNAMIQUE

Comme dans tout l'Empire romain, l'économie en Provence est avant tout agricole. La majeure partie de la population tire ses ressources de la terre et le plus souvent, la richesse des individus se mesure à l'importance de leur propriété foncière. Dès le début de l'Empire (en 27 avant notre ère), la Gaule Narbonnaise connaît un essor économique remarquable, grâce à la mise en valeur de la vigne, l'olivier, le blé ou l'élevage d'ovins. Les vestiges de la bergerie de la Crau et du moulin de Barbegal, près d'Arles, témoignent du dynamisme de ces activités. En revanche, l'artisanat se développe assez peu. On trouve certes à Arles des charpentiers, mais contrairement au reste de la Gaule, pratiquement pas de fabriques de céramiques ou de textile.

Maquette de la meunerie de Barbegal.
Musée de l'Arles antique.

Scène de labour. Musée d'Archéologie de Nîmes.

La Provence antique

UN COMMERCE PROSPÈRE

La Provence exporte surtout son huile et son vin très renommé, mais elle est aussi un lieu de passage des denrées venues du Nord comme l'étain, le cuivre, le fer, ou des marchandises du Sud, tels les vins d'Italie. Trois grandes routes, construites par les Romains, dominent le réseau de communication. La voie Agrippa, reliant Arles à Lyon, en longeant le Rhône, la voie Aurélienne, allant de Rome à Nîmes et la voie Domitienne, la plus ancienne des trois, partant d'Italie du Nord pour rejoindre l'Espagne. Elles ne sont le plus souvent dallées qu'à l'entrée des villes et leur état laisse parfois à désirer. Ainsi le géographe grec Strabon (58 ? - entre 21 et 25) écrit à propos de la voie Domitienne : elle est « excellente l'été », mais « toute fangeuse en hiver, voire au printemps » et « il lui arrive même quelquefois d'être tout entière envahie et coupée par les eaux ».

Les techniques d'attelage, comme le collier antique ou de gorge, limitent le chargement à 500 kilos environ. Les charrois, tirés par des bœufs ou des chevaux, avancent lentement. Pour ces deux raisons, les transports fluviaux et maritimes sont plus appréciés par les marchands. En Provence, le Rhône et ses affluents, tels que la Durance ou l'Ouvèze, sont très fréquentés, comme le montrent les nombreuses associations de bateliers sur ces cours d'eau. La mer Méditerranée, considérée par les Romains comme leur propriété puisqu'ils en détiennent tous les rivages, contribue aussi très largement aux échanges commerciaux. Les saisons dictent le rythme des voyages. Officiellement, la mer est « fermée » de septembre à mai. Mais les affaires ayant parfois la priorité sur la sécurité, la Méditerranée « s'ouvre » de mars à novembre. Pour éviter les tempêtes et faciliter leur ravitaillement, les marins pratiquent le plus souvent le cabotage le long des côtes.

PONT-JULIEN
(8 KILOMÈTRES À L'OUEST D'APT)

Son nom vient de la famille impériale des Julii. Il date, semble-t-il, du début de notre ère. Situé dans les environs d'Apt, il permet à la voie Domitienne de franchir la rivière du Cavalon. Les Romains ont choisi un terrain particulièrement favorable à l'édification de cet ouvrage. En effet, le cours d'eau se resserre à cet endroit, ce qui permet de construire un pont moins grand qu'ailleurs. En outre, les affleurements rocheux sont particulièrement nombreux et offrent ainsi une solide assise pour supporter le pont. Construit en pierres de grandes dimensions, il mesure 68 mètres de long et se compose de trois arches en plein cintre de grandeur inégale. Les deux arches placées aux extrémités sont en effet plus petites que celle du milieu. La chaussée présente un profil en dos d'âne, comme en possédait le pont de Vaison-la-Romaine avant ses nombreuses réfections.

Le pont de Saint-Chamas, érigé au Ier siècle de notre ère, franchit la Tourloude d'une seule arche. C'est le seul ouvrage de ce type encadré par deux arcs monumentaux ouvragés. Deux lions surmontent l'entablement de chacune des portes.

AIX-EN-PROVENCE - ENTREMONT

Situé à 3 kilomètres au nord d'Aix-en-Provence, l'oppidum d'Entremont surplombait du haut de ses 365 mètres toute la vallée de l'Arc. Cette cité fortifiée servait de capitale à la confédération celto-ligure des Salyens entre les IVᵉ et IIᵉ siècles avant notre ère.

Vestiges de l'oppidum d'Entremont.

Son nom d'origine ayant été oublié, elle porte maintenant le toponyme médiéval d'Entremont. Les Salyens occupaient un territoire s'étendant du Rhône à la Durance et à l'Argens. Ils entretenaient des relations commerciales avec Marseille, mais peut-être aussi avec Rome et Athènes, comme le laisse supposer la présence de nombreuses pièces de monnaie de ces deux dernières villes. Au IIᵉ siècle, les Salyens ravagent régulièrement le territoire de Marseille et deviennent un obstacle à son hégémonie. La cité des Phocéens fait alors appel aux Romains, pour défendre ses comptoirs. Ceux-ci parviennent à repousser les Salyens et détruisent la place forte d'Entremont en 123 av. J.-C. A la suite de cette victoire, ils fondent, près des sources chaudes, Aquae Sextinae ou Aix-en-Provence, transformée en colonie par César en 45 av. J.-C. La cité se dote de monuments, dont il ne reste que d'infimes vestiges.

Tête masculine, imberbe,
à la bouche serrée et
aux yeux grands ouverts.
Sa chevelure courte en
petites boucles pressées
contre le crâne évoque celle
de l'Apollon représenté
à cette époque au droit
des monnaies d'argent
marseillaises
de petit module.

Musée Granet, Aix-en-Provence.

L'oppidum celto-ligure d'Entremont présente une forme triangulaire, le plus grand des côtés mesurant 5 kilomètres, le plus petit, 3,5. Le rempart protégeant au nord la forteresse et deux tours en ruine constituent les principaux vestiges de cette ancienne capitale. Entremont se composait d'une ville haute et d'une ville basse, séparées l'une de l'autre par un mur. La première abritait des maisons en pierres sèches avec une pièce unique. Son plan orthogonal s'inspire sans doute de la conception urbanistique établie par Hippodamos de Milet au Ve siècle avant notre ère, comme nombre de colonies grecques construites alors.

La ville basse recèle un sanctuaire, dont une partie du portique adossé en auvent au rempart intérieur est encore visible. Elle comprend les restes d'une tête stylisée et deux cavités destinées à

Statue d'un guerrier
assis vêtu d'une cotte
descendant jusqu'à
mi-cuisses. Il semble
que ce guerrier
appuyait ses mains
sur la tête de ses
ennemis morts.

Musée Granet, Aix-en-Provence.

recevoir, semble-t-il, des têtes coupées. Les Celtes avaient en effet pour coutume de décapiter leurs vaincus pour suspendre leurs trophées devant les temples. Des crânes humains trouvés à l'intérieur du sanctuaire confirment cette hypothèse.

▶ **Musée Granet d'Aix-en-Provence :** ce musée présente un grand nombre de collections de toutes les époques et possède un département d'archéologie. Il expose les objets découverts à Entremont et Aix-en-Provence.

E N V I R O N S

CAZAN : LE TEMPLE DE VERNÈGUES

Le temple s'élève à 1 kilomètre à l'ouest de Cazan. Cet édifice, érigé vers la fin du Iᵉʳ siècle avant notre ère, appartenait à un domaine agricole de 9 hectares environ. Ce domaine comprenait une villa, sise à la place de l'actuel château, des thermes, des bâtiments de stockage pour les olives et les raisins. Le nom antique du site ayant été oublié, il s'appelle maintenant Vernègues, comme le village situé juste à côté.

Les vestiges du sanctuaire sont accolés à ceux d'une petite chapelle romane du XIIᵉ siècle. On accédait au temple, porté par un soubassement de 3 mètres de haut, par un escalier d'une vingtaine de marches. Le sanctuaire comprenait une cella, lieu réservé aux prêtres, dont il ne

reste qu'une grande partie du mur gauche, et un proanos, portique ouvert destiné aux fidèles, dont ne subsiste plus qu'une colonne. Le temple mesure 15 mètres de long et 6 de large, dimensions relativement modestes comparées à celles de la Maison carrée de Nîmes. Les chapiteaux corinthiens des colonnes, à en juger par l'unique représentante, comportaient deux rangées de feuilles d'acanthe.

Ce temple, transformé en église dédiée à saint Césaire au XIIᵉ siècle, était probablement voué aux Nymphes, déesses des eaux. La source jaillissant non loin de là fait pencher pour cette hypothèse, d'autant plus qu'à l'époque antique, les points d'eau étaient souvent l'objet de culte en Gaule.

**Le temple de Vernègues,
près de Cazan.**

ARLES

■

**Les premiers habitants d'« Arelate »,
la ville près des marais, nom de racine
celtique, étaient, semble-t-il, des pêcheurs
celto-ligures pratiquant le cabotage.
Ils auraient été progressivement colonisés
par les Grecs de Marseille à partir
du VIᵉ siècle av. J.-C. Restant sous la coupe
économique des Phocéens, Arles devient
« Théliné », la nourricière en grec.**

■

LA « PETITE ROME DES GAULES »

Au milieu du Iᵉʳ siècle avant notre ère, les Arlésiens prennent le parti de César, tandis que les Marseillais soutiennent Pompée. Après sa victoire, César, reconnaissant, implante à Arles une colonie de droit romain composée des vétérans de la VIᵉ légion. Il offre également à cette ville la majeure partie des territoires des Marseillais, qu'il veut affaiblir. Le geste de l'empereur s'avère décisif pour l'essor d'Arles, qui devient la « Petite Rome des Gaules ». Auguste développe aussi des liens privilégiés avec la cité, comme en témoigne l'installation sur le forum, dès 26 av. J.-C., d'une copie en marbre du bouclier d'or offert par le sénat à Auguste.

Le « lion d'Arcoule ».
Musée de l'Arles antique.

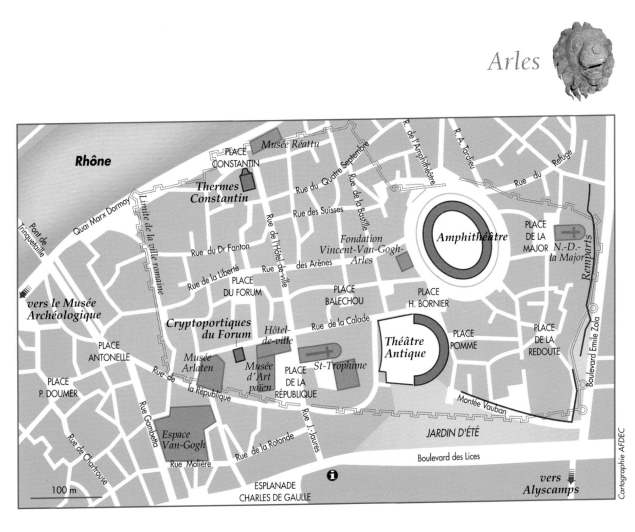

UN SIÈGE ADMINISTRATIF

Au cours des cinq premiers siècles de notre ère, le poids politique et économique de la ville est considérable.

Située à la jonction de deux grandes artères : la voie Domitienne, reliant l'est à l'ouest, et la voie Agrippa, menant à Lyon, elle jouit d'une situation stratégique de carrefour commercial. Son port sur le Rhône constituant la première escale sûre pour le navigateur arrivant de la mer Méditerranée, elle détient également une place de choix dans le transport fluvial.

Des empereurs y séjournent, comme Constantin (vers 285-337), des manifestations importantes s'y déroulent, tel le concile de 314, où l'on condamne l'hérésie donatiste, développée en Afrique par un évêque de Numidie, Donat.

La prospérité économique de la cité mais aussi les difficultés grandissantes que rencontre l'Empire sur ses marges à cause des attaques continuelles des Barbares, favorisent l'installation d'administrations impériales à Arles. Ainsi, un atelier monétaire y est implanté en 313, puis au début du Ve siècle, la préfecture des Gaules, anciennement installée à Trèves. Mais, au milieu de la décadence générale qui frappe l'Empire, Arles est, à son tour, assiégée par les Barbares. A partir des années 480, elle se trouve sous l'autorité des Wisigoths, puis en 536 sous celle des Francs.

La Provence antique

▶ **Le théâtre** : construit sous Auguste, à la fin du Ier siècle avant notre ère, le théâtre d'Arles se dresse sur la colline de l'Hauture. Il est bien moins conservé que celui d'Orange, car à partir du Ve siècle apr. J.-C., les Arlésiens se servent de ses pierres pour construire les édifices voisins, comme la basilique paléochrétienne Saint-Etienne.

Ayant établi le théâtre au sommet de la colline de l'Hauture, les bâtisseurs ne peuvent bénéficier d'un flanc rocheux, comme à Vaison-la-Romaine, pour adosser les gradins. Ils établissent donc la « cavea » sur des substructions faites de galeries concentriques et de salles voûtées rayonnantes. De ces supports antiques, il ne reste plus qu'une travée, englobée au Moyen Age dans le rempart de la cité et transformée en tour de défense, la tour de Roland. La « cavea », de 102 mètres de diamètre, pouvait accueillir 10 000 spectateurs. Au centre du dallage de l'« orchestra », se trouve le trou de scellement de l'autel à Apollon, actuellement au musée de l'Arles antique.

Colonnes du mur de scène du théâtre d'Arles.

Le grand théâtre d'Arles.

L'amphithéâtre d'Arles.

Deux petits autels ornés de la couronne civique et de deux silènes à fontaines décoraient le « pulpitum ». Le mur de scène était composé de trois étages de colonnes, dont il ne subsiste que deux exemplaires de la rangée inférieure. Il comprenait également des statues, comme celle d'Auguste, maintenant au musée de l'Arles antique, ou la célèbre « Vénus d'Arles », visible au Louvre.

▶ **L'amphithéâtre :** Erigé à la fin du Ier siècle de notre ère, il est transformé en forteresse après la chute de l'Empire romain. Une petite cité s'établit sous les arcades bouchées, dans les galeries, sur les gradins et sur la piste. A partir des années 1826-1830, on dégage le monument antique, où se trouvent alors deux cent douze maisons et deux églises.

Installé sur le flanc nord de la colline de l'Hauture, il mesure 136 mètres de long et 107 de large. Par ses dimensions, il se place au vingtième rang des arènes de l'époque romaine. Il pouvait accueillir 20 000 spectateurs, soit deux fois plus que le théâtre situé juste à côté.

Cette sculpture en marbre ornait la niche centrale du mur de scène du théâtre. Haute de 3 mètres, elle représente Auguste, debout, à demi vêtu d'une toge en calcaire, vraisemblablement peinte à l'origine en couleur pourpre. Découvert en 1750 devant les colonnes du théâtre, le torse de cette statue a été donné au Louvre en 1822, puis rendu à Arles au début du siècle. La tête et la toge en calcaire ont été trouvées lors de fouilles en 1834.

Les gradins de l'amphithéâtre d'Arles.

Galerie intérieure de l'amphithéâtre d'Arles.

La façade, haute de 21 mètres, comprend deux niveaux de soixante arcades en plein cintre aux ouvertures de largeur irrégulière. A chaque niveau se trouve une galerie circulaire qui permet l'accès rapide aux gradins grâce à des passages horizontaux et à des escaliers disposés alternativement. Un attique, aujourd'hui disparu, surmontait la partie haute de la façade. On y fixait des mâts supportant le « velum ».

A l'intérieur, au pied des gradins, se trouve l'arène, réservée aux jeux. Un haut mur composé de dalles, le « podium », l'entoure. On distingue sur celui-ci une inscription à demi effacée. Elle indique qu'un certain C. Junius Priscus, candidat à une magistrature municipale, avait offert ce podium, une statue de Neptune en argent et quatre sculptures d'airain pour décorer ce monument. Il avait par ailleurs donné un grand banquet, fait célébrer pendant deux jours des jeux et organisé une chasse.

▌**Les cryptoportiques** : on y accède par l'ancienne chapelle des Jésuites, située dans la rue Balze. Ces portiques souterrains servaient de socle au forum, érigé, semble-t-il, au cours des années 30 et 20 avant

Les cryptoportiques d'Arles.

notre ère. Les cryptoportiques, présents dans de nombreuses villes de l'Empire, ont la particularité à Arles d'être installés sur un terrain naturellement pentu. Leur construction a donc nécessité d'énormes travaux de nivellement. Ils ont la forme d'un

fer à cheval. On a souvent voulu donner une fonction secondaire aux cryptoportiques, comme grenier à blé, marché public, lieu de culte pour procession. Or, ces hypothèses se heurtent toutes au fait que ces galeries sont difficilement accessibles pour de tels usages. Il semble toutefois probable que ces galeries aient servi de lieu de stockage dans l'Antiquité tardive.

▶ **Les thermes de Constantin** : Les vestiges de ces thermes, situés au nord, ne constituent qu'une petite partie de ce vaste ensemble, construit au IVe siècle, entre le Rhône et le forum. A l'époque antique, la cité possédait aussi des établissements de bains au sud, sous l'actuelle place de la République. Ces thermes du nord étaient traditionnellement considérés comme le palais de l'empereur Constantin. A la fin du Moyen Age, ce monument a servi de fourrière aux animaux errants.

▶ **Les Alyscamps** : cette célèbre nécropole s'est développée le long de

la voie Aurélienne et était installée en dehors des enceintes de la ville conformément à la coutume romaine. Au cours de l'Antiquité tardive, la tombe du martyr saint Genest, décapité sous Dioclétien (245-313), fait la réputation des Alyscamps. En effet, dès la fin du IVe siècle, la plupart des habitants désirent être enterrés près du martyr pour bénéficier de sa protection, lors du Jugement dernier.

La nécropole
des Alyscamps, Arles.

Les thermes de Constantin, Arles.

La Provence antique

▶ **Musée de l'Arles antique** : situé sur la presqu'île du Cirque romain, près des fouilles de cet édifice antique, le musée a ouvert ses portes en mars 1995. Dans un cadre moderne, il abrite plus de 1 300 pièces des collections arlésiennes. Il possède le « lion d'Arcoule », chef-d'œuvre de la sculpture préromaine, de très beaux exemplaires de statues augustéennes, des mosaïques, des sarcophages, des objets de la vie quotidienne. Il présente également onze maquettes, restituant les monuments romains de la cité.

Sarcophage des époux.
Musée de l'Arles antique.

Mosaïque de l'Aïon, découverte dans la salle à manger
d'une villa dégagée dans les environs d'Arles.
Musée de l'Arles antique.

CIPPE À PORTRAITS, EXPOSÉ AU MUSÉE DE L'ARLES ANTIQUE

Ce petit monument funéraire signale l'emplacement d'une tombe. Il représente les bustes d'une affranchie, dénommée Chia, commanditaire de ce tombeau, et de sa patronne Philematio, elle-même affranchie par Sextus Tyrannius, comme le rappelle l'inscription placée sur cette œuvre. Philematio porte des cheveux nattés, Chia, un chignon. Ces coiffures sont datables de la première moitié du Ier siècle de notre ère. Cette stèle était polychrome, comme en témoignent les traces de pigments rouges sur les visages des deux femmes.

**L'aqueduc de Barbegal,
près d'Arles.**

LA MEUNERIE DE BARBEGAL

Installée dans la commune de Fontvieille, sur le versant sud du chaînon de la Pêne, cette meunerie hydraulique date du IIe siècle de notre ère. Elle produisait environ 4,5 tonnes de farine par jour, ce qui permettait de nourrir les quelque 12 000 habitants d'Arles. L'eau, venue de la face sud des Alpilles par un aqueduc de 11 kilomètres de long, arrivait au haut de la colline. Elle se dédoublait alors en deux courants, alimentant une série de petits canaux de dérivation, placés les uns au-dessous des autres. Dans ces petits canaux, des roues à aubes faisaient tourner des meules en basalte. Construit au centre de la meunerie, un escalier desservait les deux séries de huit meules. On suppose que l'eau sortant des moulins permettait d'irriguer les champs de blé aux alentours.

FRÉJUS

■

**Fréjus tient son nom de « Forum Julii »,
marché probablement fondé par Jules César,
un peu moins de 50 ans avant notre ère.**

■

Fréjus constituait une sorte de relais fortifié sur la route maritime de Marseille. Il faisait également office de centre commercial sur la voie Julienne qui mène de la Provence à l'Italie en longeant la côte. En 39 av. J.-C., le futur empereur Auguste installe une importante base navale, où est construite une partie de la flotte qui remporte la bataille d'Actium en 31 avant notre ère sur Antoine et Cléopâtre. Après cette victoire, Auguste fonde à Fréjus une colonie de vétérans de la VIIIe légion. La cité

L'aqueduc de Fréjus.

L'amphithéâtre de Fréjus.

reste toutefois une ville de fonction, entourée de remparts, aujourd'hui encore visibles au nord, avec une garnison, des entrepôts et des chantiers. Elle n'atteint jamais la munificence d'Arles ou de Nîmes. Avec la paix romaine, son activité militaire décline au profit de son activité commerciale.

▶ **L'amphithéâtre** : construit au Ier siècle de notre ère, il se situe hors des murs de la ville. La moitié du bâtiment s'appuie sur le flanc d'une colline, couronnée par les remparts. Il mesure 114 mètres de long et 82 de large, dimensions relativement modestes comparées à celles d'Arles et de Nîmes. Ses trois séries de gradins pouvaient accueillir environ 10 000 personnes.

▶ **Le théâtre** : érigé à la même époque que l'amphithéâtre, il ne présente plus que des ruines. Il se trouvait à l'intérieur des remparts. On aperçoit les restes du mur de scène, l'emplacement de l'« orchestra » et la fosse dans laquelle glissait le rideau.

▶ **La plate-forme** : sur ces vestiges, appelés aussi « citadelle de l'est » se trouvait le quartier général, « pretorium », qui dominait le port. Ce bâtiment était vraisemblablement aménagé autour d'une cour carrée. On a trouvé les traces d'une citerne et des lieux de stockage, appelés les Greniers de César.

▶ **L'aqueduc** : bâti au Ier siècle après notre ère, il ne subsiste que des piliers en grand appareil et des arcades. Il apportait dans la ville les eaux de la Siagnole.

▶ **La porte d'Orée** : elle date du IIe ou du IVe siècle apr. J.-C. et faisait partie d'une salle des thermes du port.

▶ **La butte Saint-Antoine** : sur cette butte se trouvait la « citadelle de l'ouest » qui dominait le port antique d'une dizaine de mètres. Le bâtiment ressemblait à celui de la plate-forme. Organisé autour d'une grande cour, il possédait en sous-sol des entrepôts.

▶ **La lanterne d'Auguste** : cet édifice, restauré au XIXe siècle, marquait l'entrée du port. Il a été construit au Moyen Age sur les bases d'une tour romaine.

MARSEILLE

◼

La fondation de « Massalia »
remonte à 600 ans avant notre ère.
Des Grecs venus de Phocée, ville d'Asie Mineure,
y installent une colonie, leur servant de relais
pour le commerce maritime qu'ils exercent
dans toute la Méditerranée. Ils s'implantent dans la région
sans se heurter à la population celto-ligure.
Une légende, selon laquelle la ville serait
née des amours d'un jeune Grec dénommé Potis
et de la fille du roi local, Gyptis, illustre
parfaitement cette arrivée pacifique.

◼

Grâce à ses activités commerciales, Marseille prospère et fonde à son tour plusieurs comptoirs sur la côte, dont Agde, à l'ouest du Rhône, et à l'est, Olbia ou Hyères, Nice et Antibes. Après la prise de Phocée par les Perses en 540 avant notre ère, une partie des Ioniens se réfugient à Marseille. Elle devient un centre important de l'hellénisme et compte parmi ses habitants quelques célébrités, comme le navigateur, géographe et astronome Pythéas (IVe siècle av. J.-C.), qui se rend vers l'actuelle Grande-Bretagne et atteint sans doute la Baltique. Elle possède une école de rhétorique et de médecine.

En 125 avant notre ère, les Celto-Ligures étant devenus plus agressifs, Marseille, trop faible pour se défendre seule, appelle Rome à son secours. Soixante ans plus tard, la ville des Phocéens prend le parti de Pompée, qui s'oppose à César. Ce mauvais choix lui vaut d'être assiégée en 49 av. J.-C. et défaite après six mois de lutte. César lui retire alors toutes ses colonies, sauf Nice et les îles d'Hyères. Si Marseille brille encore pendant deux siècles, en tant que vestige de l'hellénisme, elle perd son rôle de pôle commercial. Au Ve siècle, elle subit durement les invasions des Francs et des Goths.

Corne du port antique de Marseille.

▶ **Le jardin des Vestiges :** situés derrière le Centre-Bourse, les vestiges des remparts antiques ont été dégagés en 1913, puis dans les années 1960. Les restes de la fortification orientale de la cité hellénistique datant des IIIe et IIe siècles av. J.-C. constituent les éléments les plus importants. Les murs sont construits dans du calcaire rose, assemblés à joints vifs sans liant ni mortier. On remarque des éléments de la porte d'entrée de la ville. La voie d'accès, en pierre de Cassis, creusée d'ornières et bordée de trottoirs, date de l'époque romaine.

Le port romain en forme de corne date du Ier siècle après notre ère. Il se trouvait au sud-est de l'en-

trée de la ville. Le long des quais, on peut repérer le niveau marin antique grâce à une bande horizontale érodée. Le port a commencé à s'envaser dès le IIe siècle apr. J.-C. Devenu une sorte de dépotoir marécageux, il a été probablement comblé à la fin du Ve siècle. A l'est et à l'ouest du port s'étendaient des entrepôts. Un bassin d'eau douce, datant des Ier et IIe siècles apr. J.-C., se trouve à la pointe est du port. Un système hydraulique, dont on a retrouvé un fragment de roue à godets, permettait aux navires accostés à proximité de s'alimenter en eau.

▶ **Musée d'Histoire de Marseille :** il présente les collections provenant

des fouilles de la Bourse ainsi que l'épave d'un bateau antique long de 20 mètres sur 8 de large, datant du IIIe siècle de notre ère et retrouvé dans le jardin des Vestiges.

▶ **Musée d'Archéologie méditerranéenne :** installé dans le centre de la Vieille Charité, il abrite diverses collections d'antiquités égyptiennes, grecques, étrusques… Il possède également des vestiges de Roquepertuse, situé à proximité d'Aix-en-Provence. Longtemps considéré comme un sanctuaire, ce site salyen serait, selon les derniers travaux, un habitat ou un marché. Il a été détruit au début du IIe siècle av. J.-C. par les Marseillais. Parmi les pièces de

Marseille

Hermès « double tête ».
Photo Musée d'archéologie méditerranéenne.

choix rapportées de Roquepertuse, on peut admirer l'Hermès « Double tête ». Cette sculpture représentant deux têtes accolées, à l'image des Hermès doubles de la Grèce, date du IIIᵉ siècle av. J.-C. Elle faisait probablement partie du sanctuaire. Ce site est désormais accessible au public.

❚ **Musée des Docks romains** : le musée présente une partie des docks romains sur leur site primitif. Mis au jour en 1947, ils s'étendaïent sur plus de 200 mètres. On a également découvert une trentaine de jarres en argile importées d'Italie et servant au stockage des grains ou de l'huile. On remarquera l'entrepôt datant de la seconde moitié du Iᵉʳ siècle de notre ère. Il se composait d'un rez-de-chaussée s'ouvrant sur le quai primitif et d'un étage donnant sur l'artère principale de la cité antique.

Amphores et grandes jarres
au musée des Docks romains, Marseille.

NICE

■

**Nice et Cimiez
ont pour premiers habitants des Ligures,
établis sur deux oppida,
lors du premier millénaire avant notre ère.**

■

L'amphithéâtre de Cimiez, Nice.

Au VIe siècle av. J.-C., Marseille fonde sur la côte un comptoir commercial, Nikaïa. Elle tente ainsi de pénétrer les marchés du Pô et de Ligurie. Rome succède à Marseille quelques décennies avant notre ère. Elle établit au pied du bois sacré de Cimiez un camp militaire, point de départ pour la conquête des régions alpines. En 13 av. J.-C., Cimiez, appelé alors Cenelum, devient le chef-lieu de la nouvelle province romaine des Alpes maritimes. Sorte de « bouclier » de la Cisalpine, la cité atteint son apogée au cours du IIIe siècle apr. J.-C., avec environ 20 000 habitants. En 297 apr. J.-C., Dioclétien, jugeant Cimiez trop excentrée, transfère la capitale à Embrun.

▶ **Les thermes** : ils se composent de trois bains distincts, situés au nord, à l'est et à l'ouest. Dans chacun d'entre eux se trouvent des salles

La Provence antique

avec bassins froids, tièdes et chauds. Deux aqueducs assuraient leur alimentation, le premier amenait l'eau depuis une source située à 5 kilomètres au pied du mont Falicon, le second, beaucoup plus long, allait jusqu'à Mouraille.

Les thermes du nord étaient réservés au procurateur et aux notables. La salle froide, conservée dans toute son élévation (10 mètres), était le seul bâtiment émergeant des terres cultivés avant que des fouilles ne soient entreprises sur le site. On a longtemps cru qu'il s'agissait d'un temple dédié à Apollon. Les thermes de l'est, destinés au peuple, possèdent un décor plus modeste que ceux du nord. Les bains de l'ouest, où se retrouvaient les femmes, ont été transformés au Ve siècle en ensemble épiscopal avec un baptistère. Dans la salle des bains froids s'élevait le chœur, où l'on peut encore voir les traces d'un autel. Au

Les thermes de Cimiez, Nice.

cours des années 1960, on a découvert au sud des thermes un quartier d'habitations, avec des boutiques, des égouts et une voie dallée.

▶ **L'amphithéâtre** : cet édifice de petite dimension (67,20 mètres pour

le grand axe et 56 pour le petit) a été construit en deux temps. Au Ier siècle de notre ère, il n'offrait guère que 500 places, réservées aux soldats de la garnison. Puis au début du IIIe siècle, la ville prospère s'étant agrandie, on ajouta douze autres gradins surélevés.

▶ **Musée archéologique** : il abrite les objets découverts lors des fouilles de Cimiez et des environs de Nice, ainsi que des donations. On peut notamment voir une statue d'Antonia, la nièce d'Auguste, des stèles, des sarcophages.

Le Trophée des Alpes à La Turbie.

E N V I R O N S

LA TURBIE - LE TROPHÉE DES ALPES

Situé au point le plus élevé de la voie Julia entre Albintimilium (Vintimille) et Cemenelum (Cimiez), il marque la limite entre la Gaule cisalpine et la Gaule transalpine. Ce monument, dédié à l'empereur Auguste, vainqueur des peuples alpins, a été élevé par le sénat et le peuple romain entre 7 et 6 av. J.-C. Avec celui de Trajan en Roumanie, il est l'un des seuls trophées de ce type parvenus jusqu'à nous.

Il se compose de trois parties. Sur son soubassement carré se développe une immense inscription couronnée de deux victoires et flanquée de trophées d'armes avec captifs enchaînés. Dans cette épigraphe, le

sénat et le peuple romain remercient Auguste, « Grand Pontife, en l'An 14 de sa puissance impériale et 17 de son pouvoir tribunitien », d'avoir soumis tous les peuples alpins de l'Adriatique jusqu'à la mer Tyrrhénienne. Les noms des quarante-cinq peuples vaincus sont énumérés dans l'ordre géographique d'est en ouest.

Une vaste colonnade dorique avec socle, piédestaux et attique constitue la deuxième partie du trophée. Une statue d'Auguste, dressée sur une pyramide à gradins circulaires, couronnait le monument. Des escaliers permettaient d'accéder à tous les niveaux et, sans doute, à une salle qui occupait l'intérieur de la pyramide.

NÎMES

■

**Située à 25 kilomètres du Rhône
et à une quarantaine du littoral méditerranéen,
la ville de Nîmes s'est établie à l'emplacement
d'une source pérenne, « La Fontaine ». Les premiers habitants,
des Ibères et des Ligures, s'y sédentarisent
à la fin du VIe siècle avant notre ère.
Environ cent cinquante ans après,
s'installe un peuple celte, appartenant au groupe
des Volces Arécomiques, établis
dans le bas Languedoc.**

■

Comme à Glanum, les premiers habitants honorent le point d'eau. Le génie de « La Fontaine » porte le nom de « Nemausus » en latin, qui donnera Nîmes. Selon les chercheurs, d'autres divinités faisaient l'objet d'un culte, telles les « mères nîmoises », comme en témoigne une dédicace gravée en gallo-grec et retrouvée près de la source.

« As au crocodile »

A la fin de l'époque césarienne, est fondée, semble-t-il, la colonie de droit latin de Nîmes. Pendant longtemps, on a supposé qu'Octave, le futur empereur Auguste, avait créé à Nîmes une colonie pour ses vétérans, victorieux de l'armée d'Antoine et de Cléopâtre à Actium, en Grèce. Cette hypothèse reposait sur l'existence des « as au crocodile », monnaies coloniales émises dans les ateliers de Nîmes et diffusées dans tout le monde romain. Elles représentent au revers un cro-codile enchaîné à une palme, au droit les bustes adossés d'Auguste et d'Agrippa. Mais on ne possède aucune preuve de l'arrivée de ces anciens soldats dans la ville à cette époque. Actuellement, les chercheurs pensent que cette iconographie exprime simplement l'attachement des Nîmois à Auguste. Car sous son règne la ville prospère et se couvre de monuments. Elle fait partie des nombreuses haltes « obligées » de la voie Domitienne, menant de la Provence à l'Espagne, grande zone de transit de marchandises.

Contrairement à sa voisine Arles qui rayonne jusqu'à la fin de l'Antiquité, Nîmes perd progressivement de l'importance. Au Ve siècle, elle passe sous l'autorité des Wisigoths, puis sous celle des Francs.

▶ **L'amphithéâtre :** *(Photo p. 12).* Si-tuées au cœur de la ville actuelle, les arènes, parmi les mieux conservées

**Galerie extérieure
de l'amphithéâtre de Nîmes.**

L'amphithéâtre de Nîmes.

style roman, qui obturent certaines arcades de la partie orientale.

Sa façade comporte deux niveaux d'arcades. Deux avant-corps de taureaux ornent l'entrée principale. Ses gradins, qui pouvaient accueillir environ 23 000 personnes, étaient divisés en trois zones séparées par un couloir de circulation et une sorte de parapet. Les premiers rangs portaient des inscriptions et étaient réservés à un public choisi, comme les bateliers du Rhône et de la Saône. Le « velum » était soutenu par des mâts de bois fixés à des consoles percées, dont certaines sont encore visibles dans les parties les mieux conservées de l'attique. La piste, longue de 70 mètres et large de 38 environ, comporte en sous-sol deux galeries qui se recoupent à angles droits et correspondent probablement à des coulisses.

du monde romain, datent de la fin du Iᵉʳ siècle apr. J.-C. L'amphithéâtre a servi durant tout le Moyen Age de forteresse et de château, comme en témoignent les murs à ouvertures de

La Provence antique

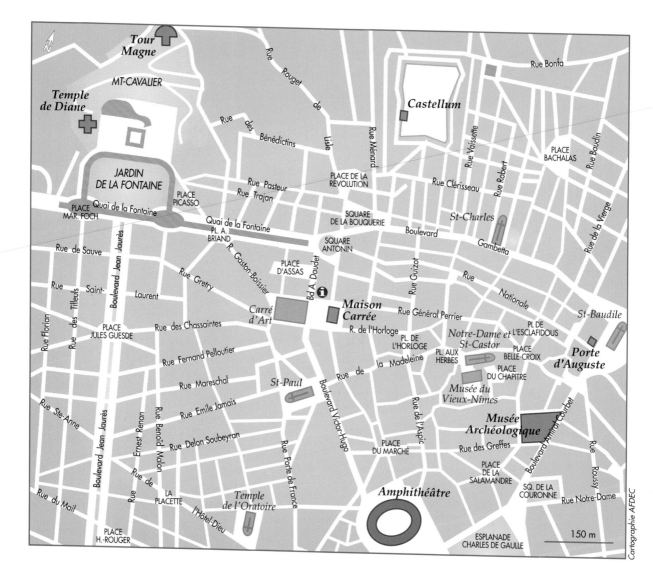

La Maison carrée : achevée au tout début de notre ère, la Maison carrée se trouvait dans la partie méridionale du forum romain. Ce temple a été édifié en l'honneur de Caius César et Lucius César, petit-fils et fils adoptifs de l'empereur Auguste, comme le signalait l'inscription, aujourd'hui disparue, placée sur l'entablement de la façade principale. Le texte, déchiffré grâce à l'observation de la disposition des trous ayant servi au scellement des lettres de bronze, disait exactement ceci : « A Caius César, fils d'Auguste, Consul ; A Lucius César, fils d'Auguste, consul désigné ; aux princes de la jeunesse ».

Temple païen consacré au culte impérial, la Maison carrée est construite selon un modèle répandu dans tout l'Empire romain. Erigée sur un podium rectangulaire, elle mesure 25 mètres de long et 12 de large. Elle possède six colonnes sur ses petits côtés et onze sur les longs. Cet édifice comprend un vestibule,

38

Chapiteau corinthien
de la Maison carrée,
Nîmes.

La Maison carrée, Nîmes.

auquel on accède par un escalier, et une salle cultuelle, abritant la statue divine impériale. Cette salle n'est normalement pas accessible aux fidèles, car les rites et les processions se déroulent à l'extérieur.

▶ **La porte d'Auguste** : comme la tour Magne, elle faisait partie de l'enceinte augustéenne, construite en 16-15 avant notre ère. Elle s'ouvrait sur la voie Domitienne, en direction d'Arles. Les deux arcs les plus importants, décorés par des avant-corps de taureaux aujourd'hui méconnaissables, servaient au passage des véhicules. Les deux arcs plus petits, surmontés de niches, abritant à l'origine des statues, étaient destinés aux piétons. Sur les blocs supérieurs de la porte, on distingue une inscription latine. Elle signifie : « César Auguste, imperator, fils du divin (Jules César), consul pour la onzième fois, revêtu de la puissance tribunicienne pour la huitième fois,

La Provence antique

La porte d'Auguste, Nîmes.

Le Castellum, Nîmes.

▶ **Le Castellum :** situé dans la rue de la Lampèze, ce château d'eau date du Ier siècle de notre ère. Découvert en 1844 par Auguste Pelet, il est l'un des trois vestiges de ce genre connus dans le monde romain. A l'époque antique, le castellum recevait, grâce à un aqueduc de 50 kilomètres de long, passant par le Pont du Gard, les eaux de la source d'Eure, près d'Uzès, réparties ensuite dans tous les quartiers de Nîmes. La ville ayant en effet considérablement grandi depuis sa fondation, les eaux de « La Fontaine » ne suffisaient plus à toute la population.

Les eaux apportées par le canal jaillissaient dans le château d'eau par l'orifice rectangulaire. Arrivées dans le bassin de 5,50 mètres de diamètre, elles repartaient dans dix tuyaux de plomb, fixés aux ouver-

donne ses portes et ses murs à la colonie ». Derrière cet édifice a été installée une statue en bronze d'Auguste, copie d'une œuvre antique.

Tuyau de plomb. 40
Musée d'Archéologie de Nîmes.

tures circulaires. Ces tuyaux alimentaient ensuite les fontaines, les thermes et une partie des habitations de la cité. Le débit de cette construction a été évalué à environ 125 000 m³ par jour. Au fond du bassin, se trouvaient trois trous permettant sa vidange. Des peintures sur enduit représentant des poissons et des dauphins ornaient le mur entourant la pièce d'eau.

▌ **Le temple de Diane** : ce bâtiment, construit au IIe siècle de notre ère, se situe dans le « jardin de La Fontaine », au nord-est de la ville. Sa fonction demeure inconnue. Ce « temple » faisait partie du sanctuaire romain, consacré au culte de l'empereur et établi sur le lieu où jaillit la source de Nîmes. Certains voient en lui un édifice cultuel, d'autres une bibliothèque. Il était composé d'une grande salle rectangulaire et de deux couloirs latéraux en plan incliné permettant d'accéder aux niveaux supérieurs. Dans la grande salle, on peut observer les restes de colonnes, de pilastres corinthiens ainsi que des niches surmontées de frontons cintrés ou triangulaires.

Les autres vestiges du sanctuaire ont été complètement réaménagés au XVIIIe siècle, même si le plan d'ensemble a été conservé. Il comprenait notamment un théâtre et un nymphée, sanctuaire dédié aux nymphes, déesses des eaux, élevé autour de la source. Au centre de ce nymphée se trouvait un autel destiné au culte impérial. Le sanctuaire romain a été établi sur un lieu de culte indigène, consacré à « l'esprit de la source », le dieu Nemausus.

▌ **La tour Magne** : située au haut du mont Cavalier, la tour Magne a été édifiée une première fois au IIIe siècle av. J.-C., à l'époque gauloise.

Le temple de Diane, Nîmes.

Construite en pierres sèches, elle a été englobée et remplacée par la tour romaine, bâtie en 16-15 avant notre ère, au même moment que l'enceinte augustéenne de Nîmes, dont elle fait partie. Cet ouvrage de défense mesure aujourd'hui une trentaine de mètres de haut, mais on suppose qu'il devait atteindre 40 mètres à l'origine.

La tour octogonale se divise de bas en haut en deux parties : un socle de 7,50 mètres de haut surmonté d'une corniche, puis au-dessus et un peu en retrait, des pilastres toscans, hauts de 6,50 mètres. Un troisième étage, aujourd'hui disparu, comportait des colonnes engagées, dont il ne reste que le socle et deux bases.

◗ **Musée d'Archéologie** : créé en 1896, il abrite différents objets retrouvés dans la région, notamment les fameux « as de Nîmes », ces monnaies dites au crocodile. Il possède également une belle collection épigraphique.

La tour Magne, Nîmes.

ORANGE

Orange, située en bordure du Rhône,
a pour premiers habitants des Celto-Ligures,
installés dans un oppidum sur la colline Saint-Eutrope.
En 40 av. J.-C., la cité devient colonie résidentielle
des vétérans de la IIᵉ légion. Les nouveaux venus
s'installent alors dans la plaine aux alentours
de Saint-Eutrope.

Orange se dote d'un rempart, dont les vestiges restent visibles sur la route de Roquemaure, à l'entrée du cimetière moderne. Située sur la voie Agrippa, reliant Arles à Lyon, elle constitue une halte pour les commerçants. En 381 apr. J.-C., elle devient le siège d'un évêché. A la fin du Vᵉ siècle, elle subit, comme beaucoup de ses consœurs de la région, les invasions barbares.

▶ **L'arc de triomphe :** *(Photo p. 44).* Probablement érigé entre 21 et 26 avant notre ère, il s'élève au nord de la ville sur l'ancienne voie Agrippa. Très bien conservé, il est construit en pierre calcaire de la région et percé de trois baies. Ses quatre faces orientées selon les quatre points cardinaux comportent chacune quatre colonnes corinthiennes engagées, un fronton et deux attiques, le tout

**Trophées militaires, face nord
de l'arc de triomphe d'Orange.**

La Provence antique

L'arc de triomphe d'Orange.

**Voûte en caissons
de l'arc de triomphe
d'Orange.**

surmonté d'une plate-forme qui supportait sans doute un quadrige et des statues d'angle en bronze.

Sur la face nord, la mieux conservée de toutes, au-dessus des baies latérales, on observe deux reliefs, représentant des casques, des armures, des javelots... Les deux at-tiques montrent, à droite, des dé-pouilles navales, à gauche, des ob-jets de culte. Sur le socle central, tout en haut, on voit un combat entre Romains et Gaulois. Ce thème est repris au même niveau sur la face sud, avec un Germain en plus. La face sud possède également des pan-neaux d'armes au-dessus des baies latérales. Sur le médaillon du socle se trouve une tête de femme auréo-lée de draperies, que l'on n'a pas en-core identifiée.

Sur la face est, on distingue trois groupes de deux captifs, placés entre deux colonnes sous des tro-phées. Sur la façade occidentale, en grande partie reconstituée, on ob-serve la même scène. Les plafonds des trois passages sous les trois baies de l'arc sont creusés de caissons hexagonaux en nids d'abeille.

Le théâtre antique : *(Photo p. 10-11).*

Erigé peu avant l'ère chrétienne, au même moment que celui d'Arles, le théâtre d'Orange est le mieux conservé de tout le monde antique. Louis XIV s'est extasié devant la façade extérieure de ce bâtiment, longue de 103 mètres, haute de 37, la qualifiant de « plus belle muraille de son royaume ». En avant de cette façade, à la place du parvis actuel, s'élevait un portique couvert de 9 mètres de large. Entre ce portique et la « muraille » se trouvaient des petites salles, vraisemblablement des loges pour les acteurs et le chœur. Dans la partie supérieure du mur, une double rangée de pierres fait saillie. Ces pierres maintenaient les mâts servant à supporter le « velum ». Le public entrait par les portes et les montées latérales, situées à l'est et à l'ouest.

Le mur de scène du théâtre d'Orange était protégé par un grand toit. Il comportait trois étages de

La statue d'Auguste du mur de scène
du théâtre antique d'Orange.

La Provence antique

colonnes, que l'on parvient encore à imaginer à l'aide des derniers vestiges présents. Dans la grande niche, se trouvait la statue de l'empereur, haute de 3,55 mètres. Découverte en fragments dans la fosse de la scène en 1931, elle a été reconstituée et remise à sa place originelle vingt ans plus tard. La tête a disparu et a été remplacée par une ébauche. A côté de cette sculpture était placé un relief représentant des aigles portant des guirlandes dans leur bec. Ces insignes de la propagande impériale se trouvent actuellement au musée d'Orange.

Les gradins pouvaient accueillir 7 000 spectateurs. Ils sont adossés à la colline, ce qui a évité de construire des superstructures pour les soutenir.

A l'ouest du théâtre, se situe un ensemble comprenant, selon les

Le reli[...]
des Ai[...]
Musée
de la vill[...]
d'Orang[...]

dernières hypothèses, un temple et un forum, que l'on a longtemps pris pour un gymnase. Ce groupe de monuments a été dégagé entre 1925 et 1937, après la démolition de vingt-deux maisons. Le temple, datant du IIe siècle apr. J.-C., a conservé sa

Vestiges du temple situé à proximité du théâtre antique d'Orange.

salle basse avec péristyle et portique. On ignore à quelle divinité il était consacré.

▶ **Musée de la ville** : situé face au théâtre, il comprend notamment des fragments du cadastre de la ville et de ses dépendances, gravés sur plaques de marbre. Découvert en 1949, le cadastre couvre envi-

ron 850 km² et date de 77 apr. J.-C. Selon une inscription reconstituée, sa rédaction aurait été ordonnée par l'empereur Vespasien (69-79). Ce système de cadastration permet de répartir équitablement les terres, mais surtout de fixer le montant des impôts. Le musée comprend également des objets de la vie quotidienne à l'époque romaine.

**Barbares enchaînés,
arc de triomphe de Carpentras.**

E N V I R O N S

CARPENTRAS

De la cité antique, à qui Auguste a octroyé le droit latin en 14 avant notre ère, il ne reste que quelques vestiges de maisons, des tombes, des inscriptions et l'arc de triomphe. Des fouilles sous la ville médiévale permettraient d'en savoir plus sur l'ancien site. L'arc de triomphe, construit en 16 apr. J.-C., a sans doute servi d'entrée latérale à la cathédrale romane avant d'être englobé dans les cuisines du pre-

mier palais épiscopal. Une seule arcade, haute de 10 mètres, large de 5,9 et profonde de 4,50, subsiste. Elle est ornée de bas-reliefs, représentant des Barbares enchaînés à des trophées, rappelant ainsi, comme à Glanum ou Orange, la victoire des Romains sur les Celtes. A Carpentras, se trouve également un musée lapidaire, présentant des amphores gallo-romaines, des autels votifs, des urnes funéraires, des lampes…

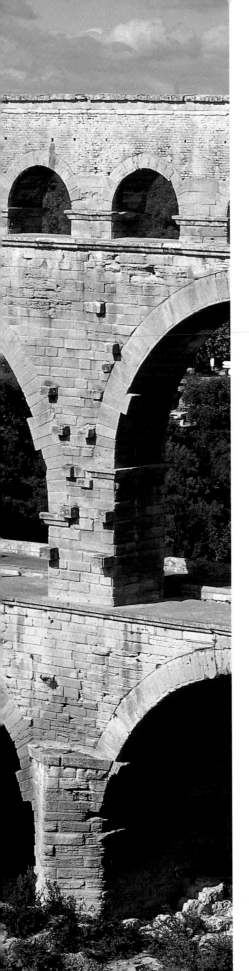

PONT DU GARD

Construit dans le courant du Ier siècle de notre ère,
le Pont du Gard se situe dans la vallée encaissée du Gardon.
Cet ouvrage est l'élément le plus spectaculaire de l'aqueduc
qui alimentait la ville de Nîmes grâce aux sources d'Eure,
près d'Uzès. Ce canal parcourait 50 kilomètres
pour une dénivellation de 17 mètres,
soit 34 centimètres par kilomètre.

Pont du Gard

DES DIMENSIONS IMPRESSIONNANTES

Hauteur totale : 49 mètres au-dessus des basses eaux du Gardon.

Etage inférieur : 6 arches, 142 mètres de long, 6 mètres de large, 22 mètres de haut. Les ouvertures des arcades n'ont pas toutes la même dimension. Celle qui enjambe le lit du Gardon est plus large pour permettre l'écoulement de la rivière.

Etage moyen : 11 arches, 242 mètres de long, 4 mètres de large, 20 mètres de haut.

Etage supérieur (celui qui portait le canal) : 35 arches, 275 mètres de long, 3 mètres de large, 7 mètres de haut.

L'aqueduc a fonctionné jusqu'au VIe siècle. Les riverains ont alors détourné les eaux à leur profit et pillé les pierres de certains tronçons. Resté intact, le Pont du Gard a servi de passage pour piétons, puis pour véhicules à partir du XVIIIe siècle. Il comptait parmi les étapes obligatoires du « tour de France des compagnons », comme en témoignent les nombreuses inscriptions gravées dans la pierre des piliers.

Le pont est bâti dans de gros blocs, pesant jusqu'à 6 tonnes et provenant d'une carrière voisine, à Vers. Ces pierres gigantesques ont été hissées à l'aide d'un treuil actionné par une grande roue en bois que faisaient tourner des hommes placés à l'intérieur du tambour.

Pile du Pont du Gard.

Le Pont du Gard franchit la vallée du Gardon.

SAINT-BLAISE

■

Installé sur un plateau escarpé accessible
seulement par le sud, Saint-Blaise se trouve entre
l'étang de Berre et le golfe de Fos. Habité dès le Néolithique,
cet oppidum a été abandonné entre le Iᵉʳ siècle av. J.-C.
et le IVᵉ siècle apr. J.-C., après avoir été assiégé,
comme le prouvent les boulets découverts
dans les vestiges.

■

Le site archéologique de Saint-Blaise.

Il semble que ce site ait joué un rôle primordial pendant l'époque préromaine grâce au commerce du sel. En effet, Saint-Blaise se trouve à proximité d'une « poussière » d'étangs saumâtres formés au fond de cuvettes profondes, comme l'Olivier à Istres, Rassuen, Citis. Les amphores étrusques et grecques retrouvées en grande quantité sur le site témoignent d'échanges intenses avec ces régions.

La très belle enceinte hellénistique édifiée au IIᵉ siècle av. J.-C. illustre parfaitement bien la prospérité de la ville, bien plus riche que les oppida voisins. Ce rempart a été construit au même moment que celui de Glanum et sans doute par les mêmes ouvriers. Il est composé d'un mur en grand appareil à joints vifs, sans mortier. Certains blocs portent des lettres ou des signes, qui sont soit les marques des tâcherons, soit des repères de contrôle indiquant la quantité de pierres assemblées. Un crénelage à merlons arrondis couronnait le mur.

SAINT-RÉMY-DE-PROVENCE

Saint-Rémy-de-Provence possède un musée antique, installé dans l'Hôtel de Sade. A deux kilomètres au sud de la ville, se trouvent l'ancienne cité de Glanum ainsi qu'un mausolée et un arc municipal, couramment appelés « les Antiques ».

Le site de Glanum, Saint-Rémy-de-Provence.

GLANUM

Situé à 2 kilomètres au sud de Saint-Rémy-de-Provence, Glanum s'étend au pied du versant septentrional des Alpilles. Les ruines s'élèvent en enfilade, sur une pente légèrement inclinée, au pied du mont Gaussier. Au nord de cette ancienne cité, de l'autre côté de la route moderne, se dressent un mausolée et un arc municipal, couramment appelés « les Antiques ». Ces deux monuments, contrairement au reste de l'ancienne cité de Glanum, ont toujours été visibles et se livrent à nous presque intacts, malgré les siècles traversés.

DEUX ATOUTS GÉOGRAPHIQUES

Glanum doit sa prospérité dans l'Antiquité à deux atouts géographiques majeurs : la présence d'une source abondante, indispensable à la vie dans ce pays relativement sec et la situation de la ville à un carrefour stratégique. Glanum est en effet bâti au débouché du seul passage échancrant les Alpilles du sud au nord et permettant d'éviter le contournement de cette barrière montagneuse de 30 kilomètres de long. En outre, à proximité de la cité, passe la voie Domitienne, reliant l'Espagne à la Provence. Sur cette artère, qui longe le flanc nord des Alpilles à l'écart de basses plaines marécageuses, transitent les marchandises destinées à Rome.

CELTES, GRECS ET ROMAINS

L'occupation humaine de ce site remonte, semble-t-il, au XVe siècle av. J.-C. En novembre 1995, la décou-

Les Antiques, Saint-Rémy-de-Provence.

**Les carrières de Glanum,
Saint-Rémy-de-Provence.**

puis ils s'adaptent aux usages des « envahisseurs ». Au IIIe siècle de notre ère, les habitants désertent la ville. Ils auraient été victimes des attaques des Barbares et les sources se seraient taries. Les populations des alentours utilisent les pierres des édifices pour ériger leurs propres maisons, dans un lieu qui deviendra Saint-Rémy-de-Provence.

Le site visible actuellement correspond environ à un tiers de la cité romaine. Les bâtiments sont presque tous construits dans la « molasse blanche » miocène, couramment appelée pierre de Saint-Rémy, visible dans la petite carrière à l'entrée du site. Dans ces ruines, dégagées depuis une quarantaine d'années, se superposent deux ou trois états successifs d'occupation du terrain.

LA SOURCE, CŒUR DE LA CITÉ

Au sud de la cité, c'est-à-dire à l'opposé de l'entrée actuelle, se trouve le « cœur » de Glanum, la source, dédiée au dieu Glan et aux mères glaniques, déesses de fécondité, auxquels les habitants vouent un culte. Pour découvrir la ville chronologiquement, il est préférable de commencer la visite par ce côté.

▶ **Le nymphée :** on accède à la source par un escalier, construit à l'époque hellénistique. Les pèlerins espéraient, en touchant l'eau, voir leurs souhaits se réaliser. Les Romains ont récupéré ce culte, en bâtissant à sa gauche un temple corinthien. A sa droite, ils ont érigé une salle quadrangulaire consacrée, semble-t-il, à Hercule. Cet édifice jouissait d'une grande popularité, à en juger par la multitude d'ex-voto retrouvés à cet emplacement. En face de ce temple, vers l'ouest, on aperçoit un escalier menant à une

verte dans les ruines d'un squelette de femme, paré d'ornements funéraires et datant de l'époque du bronze moyen, étaye cette hypothèse. Les premiers vestiges plus nets de bâtiments datent des VIIe et VIe siècles av. J.-C. A cette époque, les Grecs d'Asie Mineure s'implantent à Marseille. Les « Glaniques », appartenant au peuple celto-ligure des « Salyens », développent progressivement les échanges commerciaux avec les

nouveaux venus. Aux deux derniers siècles avant notre ère, les habitants de Glanum se sont largement hellénisés, même s'ils gardent toujours leur autonomie vis-à-vis de Marseille. Leur cité se couvre de bâtiments publics, civiques et cultuels.

En 49 av. J.-C., César s'empare de Marseille et la colonisation romaine commence. Les Glaniques, qui ont pris le parti des Phocéens, connaissent une période difficile,

**Escalier menant à la source de Glanum,
Saint-Rémy-de-Provence.**

petite terrasse taillée dans le rocher,
qui faisait office de sanctuaire. Les
Celto-Ligures y déposaient des of-
frandes animales, dont on a retrouvé
les ossements.

▶ **La porte fortifiée :** protégeant le
périmètre sacré de la source, se trouve une porte fortifiée datant de
l'époque hellénistique, faisant partie
d'une grande muraille, dont la tour
gauche subsiste encore. Au niveau
de cet ensemble, qui ressemble aux
remparts de Saint-Blaise ou de Marseille, les « Glaniques » réclamaient
vraisemblablement un péage aux
voyageurs.

En allant vers le nord, on découvre, à l'est de la porte, un portique dorique romain installé à l'emplacement d'une salle hellénistique
au plafond soutenu par des co-

**Les temples géminés, Glanum,
Saint-Rémy-de-Provence.**

L'atrium de la maison des Antes, Glanum, Saint-Rémy-de-Provence.

lonnes. En face, les propylées, portique à colonnes formant l'entrée d'un sanctuaire. A peu de distance se tient le « bouleutérion », lieu de rassemblement des responsables de la cité hellénistique. A l'intérieur, la présence d'une table de sacrifices rappelle que ces magistrats exerçaient aussi des fonctions religieuses.

▶ **Les temples géminés :** juste à côté, en se dirigeant vers le nord, on observe les vestiges de deux bâtiments romains, les temples « géminés », appelés ainsi à cause de leur ressemblance. Une partie de la façade du plus petit de ces deux sanctuaires, édifiés entre 30 et 20 av. J.-C., a été reconstruite en 1992. Les portraits en marbre de l'épouse et de la sœur de l'empereur Auguste, Livie et Octavie, découverts dans ces lieux, laissent supposer qu'on leur vouait ici un culte. En face

de ces deux édifices, se trouvent les restes de deux fontaines. Celle située au sud date de l'époque romaine, l'autre, plus au nord, du temps des Grecs.

▶ **Le forum :** en descendant, on atteint un ensemble architectural érigé entre la fin du Ier siècle av. J.-C. et le début du Ier siècle apr. J.-C. Il comprend dans la partie méridionale le forum, bordé de portiques à l'est et à l'ouest et muré au sud, la grande basilique civile et dans la partie septentrionale, la curie, lieu de réunion du sénat local. En contrebas, se trouvent les thermes, érigés entre 50 et 25 av. J.-C. Ils comptent parmi les plus anciens de la Gaule.

▶ **Les demeures privées :** de l'autre côté de la rue, se tiennent des habitations hellénistiques, occupées sans

**Bataille d'infanterie, bas-relief du côté
ouest du mausolée, Saint-Rémy-de-Provence.**

aucun doute par des notables. La
plus vaste d'entre elles est sans
conteste la maison des Antes. Son
nom provient des piliers, « antes »,
ornant la baie de la salle occidentale.
Toutes les ouvertures de cette demeure donnent sur une cour intérieure rectangulaire, permettant de
se protéger du soleil et du mistral.
Les pièces privées, comme les
chambres ou le bureau du maître de
maison, se trouvent du côté opposé
à la voie publique. Le comptoir, es-
pace commercial, donne sur la rue.

LES ANTIQUES

Au nord de l'ancienne cité, se
dressent le mausolée et l'arc de
triomphe. Le premier date des années
30 ou 20 avant notre ère, le second
des années 20 apr. J.-C. Malgré leur
proximité, ces deux monuments rem-
plissent des fonctions tout à fait différentes. Le mausolée, même s'il ne
contient pas de corps, reste un bâtiment funéraire. L'arc de triomphe
marque l'entrée de la ville de Glanum.

▶ **Le mausolée** : d'après l'inscription
située sur la face nord du mausolée,
ce cénotaphe a été érigé par les trois
fils d'un dénommé Julius, en l'hon-

Le mausolée, Saint-Rémy-de-Provence.

Chapiteau à figures, Glanum, Saint-Rémy-de-Provence (original à l'hôtel de Sade à Saint-Rémy).

neur de leurs « parents », c'est-à-dire leurs père et grand-père. Leur aïeul aurait été doté par César du statut de citoyen romain, à la suite de ses loyaux services dans les armées du conquérant. Les deux personnages, installés dans le petit temple circulaire au sommet, portant une toge, représentent probablement ces deux parents dans un style héroïsé.

Sur le socle en bas, se répartissent quatre bas-reliefs. La face sud montre une scène de chasse au sanglier, la face ouest une bataille d'infanterie, la face nord un combat de cava-

liers. A l'est, on observe un combat avec une Victoire et la remise d'un diplôme par une Renommée ailée. Une frise peuplée de créatures composites orne le bandeau au-dessus de l'architrave de l'étage à arcades. On y distingue neuf tritons (mi-hommes, mi-poissons, tous ailés sauf un), quatre griffons (créature ailée à bec crochu, avant-train de lion et queue de poisson) et deux dragons. Sur toutes les faces, sauf au nord, les tritons maintiennent un disque représentant vraisemblablement le soleil.

▌ **L'arc de triomphe :** il est moins bien conservé que le mausolée. Son programme iconographique rappelle à la population locale sa défaite devant les Romains. Ainsi, les reliefs de la face orientale représentent des Celtes enchaînés, homme comme femme, à des poteaux de bois où pendent des dépouilles guerrières. Le relief sud de la face occidentale montre une image de la Gaule vaincue, assise, des chaînes aux mains. A ses côtés, un captif tourne le dos aux passants.

Sur le relief septentrional de cette même face, un « Gallo-Romain », drapé dans un manteau gaulois à franges comme dans une toge, montre aux visiteurs un guerrier gaulois enchaîné. Des fruits et des feuillages, symboles d'abondance, ornent la frise de l'archivolte.

▌ **Hôtel de Sade :** le dépôt lapidaire, situé dans le vieux Saint-Rémy, permet de compléter la visite. Il présente des sculptures préromaines, des objets de la vie quotidienne, des inscriptions, des pièces d'architecture, trouvées sur le site de Glanum et dans les environs.

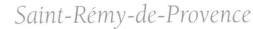

Celtes enchaînés, face est de l'arc de triomphe, Saint-Rémy-de-Provence.

Frise de l'archivolte de l'arc de triomphe, Saint-Rémy-de-Provence.

VAISON-LA-ROMAINE

L'agglomération actuelle recouvre
encore la plus grande partie de la cité romaine,
notamment le forum. Pendant des siècles, seuls le pont antique
et les deux arceaux du théâtre, surnommés les « lunettes »
par les habitants de la région, témoignaient du passé
très ancien de Vaison. Les fouilles, commencées en 1907
par l'abbé Joseph Sautel, constituent la plus grande
surface archéologique de France. Deux quartiers
s'offrent à nos yeux : Puymin et Villasse,
ainsi que les thermes du nord.

Le pont romain de Vaison-la-Romaine.

VOCONCES ET ROMAINS

A la fin du IVe siècle av. J.-C., un peuple de souche celtique, les Voconces, s'installe à Vaison et en fait sa capitale. Peu après la conquête de César, Rome leur octroie le statut privilégié de cité fédérée. Jusqu'au IIIe siècle apr. J.-C., les habitants vivent dans la paix et la prospérité. Certains d'entre eux deviennent d'illustres personnages à Rome, comme Sextus Afra-

nius Burrus, plus connu grâce au « Britannicus » de Racine, en tant que précepteur de l'empereur sanguinaire Néron (54-68 apr. J.-C.). Entre 250 et 300 apr. J.-C., le territoire des Voconces se trouve partagé en quatre. Vaison garde la direction de la partie sud-ouest, tandis que trois autres cités apparaissent : Die, Gap et Sisteron.

Vaison-la-Romaine

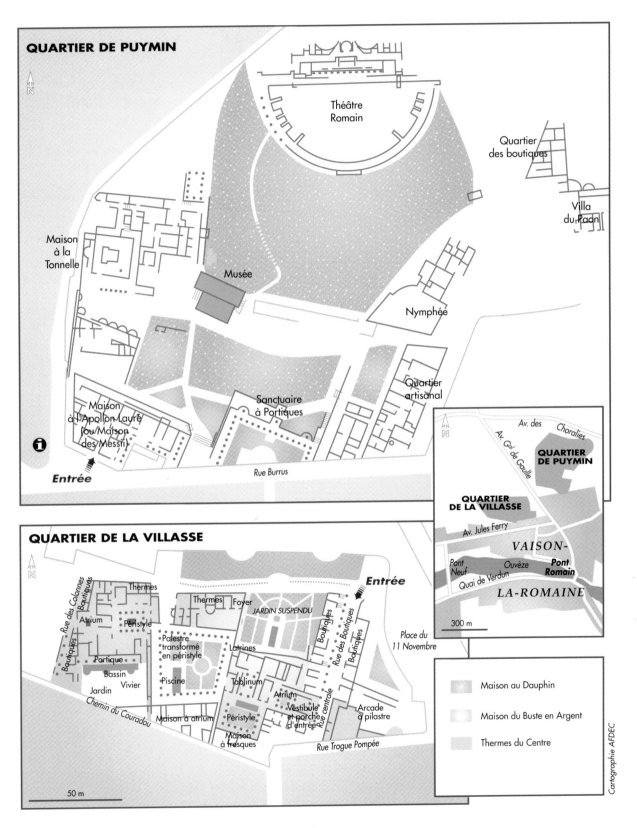

QUARTIER DE PUYMIN

N

Théâtre Romain

Quartier des boutiques

Villa du Paon

Maison à la Tonnelle

Musée

Nymphée

Quartier artisanal

Sanctuaire à Portiques

Maison à l'Apollon Lauré (ou Maison des Messii)

Entrée

Rue Burrus

QUARTIER DE LA VILLASSE

N

Rue des Colonnes

Boutiques

Thermes

Thermes

Foyer

JARDIN SUSPENDU

Entrée

Atrium

Péristyle

Boutiques

Boutiques

Rue des Boutiques

Portique

Palestre transformé en péristyle

Latrines

Rue centrale

Bassin

Vivier

Piscine

Tablinum

Place du 11 Novembre

Jardin

Atrium

Arcade à pilastre

Chemin du Couradou

Maison à atrium

Péristyle

Vestibule et porche d'entrée

Maison à fresques

Rue Trogue Pompée

50 m

(carte de localisation)

N

Av. des Choralies

Av. Gal de Gaulle

QUARTIER DE PUYMIN

QUARTIER DE LA VILLASSE

Av. Jules Ferry

VAISON-

Pont Neuf

Ouvèze

Pont Romain

Quai de Verdun

LA-ROMAINE

300 m

Maison au Dauphin

Maison du Buste en Argent

Thermes du Centre

Cartographie AFDEC

Boutiques du quartier de la Villasse, Vaison-la-Romaine.

QUARTIER DE LA VILLASSE

La Villasse signifie « la grande maison ». Ce quartier doit son nom au château du XVIIIe siècle, dont dépendait l'exploitation agricole que l'abbé Sautel entreprit de fouiller dès 1924. Actuellement, on peut y voir les ruines de deux demeures antiques : la « maison au Dauphin » et celle « au buste d'argent », encadrées par deux voies : la « rue à colonnes » et celle « des boutiques », ainsi qu'une salle appartenant aux thermes publics.

▶ **La rue des Boutiques** : à l'époque romaine, les chars circulent sur la partie dallée de la rue, large d'environ 4,20 mètres. Certains blocs irréguliers présentent parfois des trous. Ces cavités servaient de points d'accroche aux pinces à l'aide desquelles on transportait les pierres. Un égout, large de 0,80 mètre et haut de 1,10 mètre en moyenne, occupe le sous-sol de la voie. Il rejoint l'Ouvèze, après que des canalisations transversales

s'y sont déversées. Sur la partie piétonne de la voie, protégée dans l'Antiquité par un portique, s'ouvrent les seuils des boutiques, installées en enfilade. Adossée à l'une d'entre elles, se tient une statue de Mercure, patron des marchands. On le reconnaît grâce à ses trois attributs : les ailerons aux pieds, la tige du caducée à la main gauche et la tortue sur le piédestal.

▶ **La grande salle thermale** : (*Photo p. 9*). Installé au bout de la voie, cet édifice fait partie des thermes du centre, dont la plus grande partie est enfouie sous la ville moderne. La grande salle mesure plus de 12 mètres de large. Sa longueur reste inconnue, car elle se prolonge sous Vaison. Une arcade, délimitée par des pilastres, décore le mur du fond. Excepté quelques blocs du sommet, l'ensemble date de 1936. Dans une pièce adjacente, on observe six petites latrines et le canal d'évacuation des eaux.

▶ **Maison au buste d'argent** : (*Photo p. 14*). Elle se situe en face des thermes. Cette demeure tient son nom de la sculpture découverte par l'abbé Sautel en 1920 et actuellement exposée au musée. Elle représente un notable vaisonnais, peut-être le propriétaire ou l'un de ses ancêtres. On entre dans cette villa de plus de 5 000 m² au sol (davantage si l'on compte les étages) par le vestibule, dallé de pierre de Beaumont. Suit l'atrium, entouré de colonnes de style corinthien, sur lequel donne le tablinum, le bureau du maître de maison. Au sud, en contrebas, se trouvent un péristyle, muni d'un bassin et, au nord, une courette, délimitée par deux baies à colonnes. A l'ouest de celle-ci, on remarque une pièce, présentant une mosaïque noir et blanc en son centre, encadrée d'un assemblage de plaques de marbre de diverses couleurs. Un peu plus au nord, on découvre des la-

La rue des Boutiques, quartier de la Villasse, Vaison-la-Romaine.

Salle à manger de la maison au Dauphin, quartier de la Villasse, Vaison-la-Romaine.

trines. En face, on accède à un jardin, doté d'un bassin et bordé au nord par des installations de bains. Cet ensemble thermal, beaucoup plus vaste que dans les autres maisons de Vaison, suscite des interrogations. Une hypothèse, formulée parmi d'autres, consiste à croire qu'il s'agit d'anciens thermes publics. Devenus trop petits pour la collectivité, ils auraient été remplacés par d'autres établissements. Le proprié-

taire de la maison du buste en argent aurait alors racheté le terrain, dont il se serait servi comme jardin.

▶ **Maison au Dauphin :** cette demeure doit son nom à une petite sculpture de marbre blanc, retrouvée en ses murs et représentant un dauphin chevauché par un Amour. Cette habitation, datant de la fin du Ier siècle apr. J.-C., se superpose à l'une des maisons les plus anciennes de Vaison,

construite entre 40 ou 30 av. J.-C. Selon des recherches effectuées dans les années 1970, le bâtiment d'origine serait une installation rurale, comportant une grange ou une étable. Vaison s'urbanisant, les propriétaires successifs auraient transformé cette sorte de « ferme » en maison de ville.

Cette habitation comprend une partie centrale organisée autour d'un jardin, encadré de quatre portiques à colonnades, sur lequel s'ouvrent différentes pièces, parfois difficiles à identifier à cause de la disparition de leur mobilier. Au nord de cette cour, se situent de petits thermes, composés d'une pièce de chauffe, d'une salle de bains chauds et d'une autre de bains tièdes. A l'opposé, dans la partie méridionale de cette maison, s'étend un vaste jardin, flanqué d'un grand bassin, dont une partie sert de viviers. En remontant vers le nord-ouest, le visiteur découvre l'atrium. Le petit bassin central recueille les

Entrée de la Maison au buste d'argent, quartier de la Villasse, Vaison-la-Romaine.

La Provence antique

**Maison à l'Apollon Lauré,
quartier de Puymin,
Vaison-la-Romaine.**

eaux de pluie, grâce à une ouverture laissée dans le toit.

▌ **Rue des Colonnes** : cette voie tient son nom des colonnes situées à l'ouest et qui soutenaient à l'origine un portique. Plusieurs boutiques situées de part et d'autre de la maison au Dauphin bordent cette rue.

QUARTIER DE PUYMIN

Ce quartier porte le nom de la colline de « Puymin » sur laquelle il est construit. Il comprend de nombreuses demeures, des boutiques, le théâtre antique et accueille également le musée.

▌ **La maison à l'Apollon Lauré** : cette demeure doit son nom à la statue d'Apollon Lauré, c'est-à-dire portant une couronne de lauriers, découverte

en ses murs. Un moulage de cette sculpture a été placé ici, l'original étant exposé au musée. L'abbé Sautel avait attribué cette maison aux « Messii », parce qu'une inscription portant ce nom avait été trouvée dans cette habitation. Une grande partie de la « domus » se situe toujours sous la ville moderne, ce qui rend l'identification de certaines pièces difficile. On remarquera la marqueterie de marbre dans le « tablinum », le bureau du maître de maison.

▌ **Le sanctuaire à Portiques** : la ville moderne recouvre la majeure

partie de ce grand jardin. Sa fonction, édifice public à vocation religieuse ou domaine privé, reste discutée. Des moulages de statues de l'empereur Hadrien, de sa femme Sabine et du « Diadumène », athlète portant un bandeau au front, ornent le mur très restauré, situé au nord. Le « Diadumène » est une copie d'époque romaine de l'original du sculpteur grec Polyclète (Vᵉ siècle av. J.-C.). Toutes les colonnes du jardin datent du XXᵉ siècle, sauf celle placée à côté de la statue d'Hadrien et entaillée d'un coup de pioche, qui est authentique.

**Dolium, quartier artisanal de Puymin,
Vaison-la-Romaine.**

L'Apollon Lauré.
Musée Théo-Desplans,
Vaison-la-Romaine.

donne autour d'une colonnade surplombant le jardin auquel on accède par un escalier à double volée. Au milieu du jardin, se trouve la trace d'une salle à manger d'été, aménagée en tonnelle, qui a donné son nom à la maison. A côté, on peut voir la pièce de service, comprenant un four à pain, un bassin et un égout.

▶ **Le théâtre** : installé sur le flanc nord de la colline, le théâtre date du Ier siècle de notre ère. Il pouvait accueillir jusqu'à 7 000 spectateurs. Du mur de scène, il ne reste que les fondations. Les statues d'Hadrien et de Sabine, dont les moulages sont visibles dans le sanctuaire à Portiques, ont été retrouvées dans une fosse sous la scène. L'orientation plein nord du théâtre permettait au public de ne jamais avoir le soleil dans les yeux.

▶ **Musée Théo-Desplans** : il abrite de nombreux objets trouvés lors des fouilles. On peut voir notamment les statues impériales de Claude, Domitien, Hadrien et son épouse Sabine, qui décoraient le mur de scène du théâtre.

Statue
d'Hadrien.
Musée Théo-
Desplans, Vaison-
la-Romaine.

▶ **Quartier artisanal** : boutiques et ateliers, regroupés en îlots. On aperçoit une grande jarre brune (dolium) d'environ 2,50 mètres de haut. A l'origine, elle se trouvait à moitié enfouie dans le sol. Les habitants y stockaient les olives.

▶ **Château d'eau ou nymphée** : selon l'abbé Sautel, cet édifice serait un nymphée dédié aux déesses des sources. Les archéologues penchent aujourd'hui pour l'hyphothèse plus prosaïque du château d'eau. En 1932, on a trouvé des tubes de plomb, visibles au musée.

▶ **La maison à la Tonnelle** : l'abbé Sautel l'avait surnommée le « Prétoire », croyant à tort qu'il s'agissait de la maison du préteur, le gouverneur de province. Cette vaste demeure, d'environ 3 000 m², ressemble assez à celle au « buste d'argent », dans le quartier de la Villasse. Seuls les sous-sols subsistent, ce qui rend toute interprétation difficile. La partie « noble » de cette « domus » s'or-

Statue de Sabine.
Musée Théo-Desplans,
Vaison-la-Romaine.

En première de couverture : *Le Pont du Gard. Statue d'Hadrien, Vaison-la-Romaine.*
En quatrième de couverture :
Entrée de la Maison au buste d'argent de Vaison-la-Romaine.

Conception graphique de la couverture : François Bertin

© 1997, Éditions Ouest-France, Édilarge S.A., Rennes
Cet ouvrage a été achevé d'imprimer par l'imprimerie Pollina S.A. à Luçon (85) - N° 71682
I.S.B.N. 2.7373.1431.3 - Dépôt légal : avril 1997
N° d'éditeur : 2820.01.06.04.97